Copyright © 2020 by Aaliyah Bass

All rights reserved. No part of this book may be reproduced or used in any manner without written permission of the copyright owner except for the use of quotations in a book review. For more information, address: culturedhistorians@gmail.com

FIRST EDITION

www.culturedhistorians.com

# BACK DOWN MEMORY LANE

## Aaliyah Bass

### FOR THE CULTURE, BY THE CULTURE

# Thank You

This book was amazing to create,
But I couldn't have created this amazing masterpiece without
some of the most talented people in the world.
I would like to thank all of the artist who contributed to this book,
and the creative minds who helped along the way.

Artist:
Rafael Faustino (@griot_sp)
Jarvis (@Jrocjarvis)
Deonis Bell (@dee_bells)
Jasmine Drew (@jasdrew.art)
Montavious (@creativeminds_)
Johnathan Russell (@piqassoul)
Dominique Prater (@kingdom.art.co)
Brianna Clark (@the_soulquarian)
David McAfee (@aviidx)

Creative Minds:
Kymmogul Ellis (@kymmogul)
Darius Williams (@oreodagreat)
Ashlee Callahan (@goldmyne31)
Willie Curry (@beckford.jr)
Special Thanks To
The WiseNest (@Thewisenest)
WorkSheet Works (@WorksheetWorks)

**THANK YOU FOR YOUR HARD WORK!**

# BLACK GIRL MAGIC

Name: _____  Date: _____

👉 Find and circle each of the words from the list below. Words may appear horizontally or vertically, but forwards only.

```
Q U E E N U C S R Y K H A A
W H I T N E Y H O U S T O N
S U P E R W O M A N S S F O
R N B I T U Z C M O L M T E
N U T U R I N G A I H A E U
R E L A X E D E K Y O R I A
R O Y A L O I Q Y G M T P J
M A D A M C J W A L K E R H
E N A T U R A L M P F T I E
B E A U T I F U L A A N N I
I L Q B E Y O N C E D S S X
```

MADAMCJWALKER   WHITNEYHOUSTON
BEYONCE   BEAUTIFUL   SUPERWOMAN
RELAXED   NUTURING   NATURAL
ROYAL   QUEEN   SMART

# BLACK BOY JOY

Name: _____  Date: _____

👉 Find and circle each of the words from the list below. Words may appear horizontally or vertically, but forwards only.

```
K  I  N  G  F  E  Z  O  A  S  D  I  K  C  X  O
A  U  Q  D  F  A  K  E  T  M  H  P  E  E  B  K
S  T  E  P  H  C  U  R  R  Y  G  F  V  M  Z  M
B  L  A  C  K  P  A  N  T  H  E  R  I  B  N  E
G  A  M  E  R  S  T  R  O  N  G  F  N  A  N  Y
N  V  V  S  C  H  O  L  A  R  L  Y  H  S  O  A
Z  G  S  C  T  Y  A  E  E  E  U  E  A  T  E  F
R  E  S  I  L  E  N  T  A  O  R  M  R  E  S  C
F  W  I  L  L  S  M  I  T  H  N  O  T  A  X  U
A  F  Z  S  T  S  N  E  A  K  E  R  H  E  A  D
D  I  N  D  O  Y  F  T  U  T  O  D  N  Y  H  T
E  C  O  L  I  N  K  A  E  P  E  R  N  I  C  K
S  Y  E  C  U  P  O  W  E  R  F  U  L  H  M  R
```

STRONG   COLINKAEPERNICK   BLACKPANTHER
SCHOLARLY   SNEAKERHEAD   STEPHCURRY
GAMER   WILLSMITH   POWERFUL   KEVINHART
RESILENT   KING   FADES

Copyright ©2020 WorksheetWorks.com

# BLACK LEGENDS

Name: _____   Date: _____

Find and circle each of the words from the list below. Words may appear horizontally or vertically, but forwards only.

```
C D E U L E M A O B E R N I E M A C T
O C K D W J A M E S B A L D W I N N N
L A N G S T O N H U G H E S C E I I I
L E B R O N J A M E S P B A B L P D N
N H A R R Y B E L L A F O N T E E Q A
M A Y A A N G E L O U S W O V T B A S
D I C K G R E G O R Y E J U P O D I I
A P N I A R E T H A F R A N K L I N M
F C G C B E T A S E U W C A M O M A O
E T T A J A M E S B I E K I R E D Q N
T M P D U F L I P W I L S O N M S F E
J A C K I E R O B I N S O N E N S G O
B W A S E E T U A Z Z L N S C Q D N E
E P U L O V A R E C N N O A E G R U N
T Z X Y H C I C E L Y T Y S O N I R R
C S O R E N P R I N C E G R W Y P U I
```

HARRYBELLAFONTE   LANGSTONHUGHES   ARETHAFRANKLIN
JACKIEROBINSON   PRINCE   MAYAANGELOU   JAMESBALDWIN
NINASIMONE   DICKGREGORY   BOWJACKSON   LEBRONJAMES
FLIPWILSON   BERNIEMAC   ETTAJAMES   CICELYTYSON

Copyright ©2020 WorksheetWorks.com

# GREATEST OF ALL TIME (GOATS)

Name: _____  Date: _____

👉 Find and circle each of the words from the list below. Words may appear horizontally or vertically, but forwards only.

```
B A Y H N E E D V R A Q F N N F D S S H
J X T A S E R E N A W I L L I A M S U C
J A M E S E A R L J O N E S O N Y Z Q I
H E N R I E T T A L A C K S I V M Q V E
R Y O A N G E L A B A S S E T S R U O F
T H U R G O O D M A R S H A L L P I K A
S H I R L E Y C H I S H O L M E E N J Q
T O N I M O R R I S O N P P C I F C E T
M U H A M M A D A L I S L S A O J Y Z M
S T E V I E W O N D E R O D V W I J M Y
R I C H A R D P R Y O R K O W I C O Z Y
M I C H E A L J A C K S O N M A K N Q K
M K A T H E R I N E J O H N S O N E M O
M A R Y M C L E O D B E T H U N E S X Q
M I C H E A L J O R D A N N M E S Q U U
N E F H E I Q A W M U E P V G X F C O Y
```

MICHEALJACKSON  SERENAWILLIAMS  HENRIETTALACKS
THURGOODMARSHALL  STEVIEWONDER  MARYMCLEODBETHUNE
ANGELABASSET  MICHEALJORDAN  RICHARDPRYOR
SHIRLEYCHISHOLM  KATHERINEJOHNSON  JAMESEARLJONES
MUHAMMADALI  QUINCYJONES  TONIMORRISON

# HISTORICAL BLACK COLLEGES AND UNIVERSITIES

Name: _____  Date: _____

👉 Find and circle each of the words from the list below. Words may appear horizontally or vertically, but forwards only.

```
J A C K S O N S T A T E U N I V E R S I T Y M C K E
A L C O R N S T A T E U N I V E R S I T Y I N Q G U
W U D E S M U P V M B U O I D N Z X S H B M I N N A
C E R W P X H F N C A T M R K I A X Y O O U B K A T
B S G E B H L V M E F M A T V A E U G W W J O U F O
O A L F D O H R P E M F U J P A R P Y A I F W I I U
C L A F L I N U N I V E R S I T Y A Q R E L I P S G
X I A V E R U N I V E R S I T Y P N N D S O E R K A
T U S K E G E E U N I V E R S I T Y N U T R S B U L
G R A M B L I N G U N I V E R S I T Y N A I T E N O
M O R R I S B R O W N A Z A T J R M F I T D A N I O
D I L L A R D U N I V E R S I T Y I C V E A T R V U
C G Q I N C P E O R T O F D A I A Y Y E U A E N E N
M O C T M X D E M R D M K Y U K F M Y R N M I A R I
C H E N E Y U N I V E R S I T Y R I G S I A C I I V
S P E L M A N C O L L E G E I R F O N I V Q O G S E
F M D A E E U A A F C V K C D A C I U T E O F D T R
R U S T C O L L E G E I P P W K U A Q Y R R X O Y S
T E N N E S S E E S T A T E U N I V E R S I T Y E I
H A M P T O N U N I V E R S I T Y P T T I E H I A T
C U B X X G R O O D D Y S F D D W G E T T X T W P Y
E M I C P R E V S A I O A Q N I Y E X V Y A E J I P
```

HAMPTONUNIVERSITY  HOWARDUNIVERSITY  MORRISBROWN  TUSKEGEEUNIVERSITY
JACKSONSTATEUNIVERSITY  BOWIESTATEUNIVERSITY  TENNESSEESTATEUNIVERSITY
DILLARDUNIVERSITY  CLAFLINUNIVERSITY  XIAVERUNIVERSITY  CHENEYUNIVERSITY
GRAMBLINGUNIVERSITY  NCAT  ALCORNSTATEUNIVERSITY  TOUGALOOUNIVERSITY
SPELMANCOLLEGE  FLORIDAAM  RUSTCOLLEGE  BOWIESTATE  FISKUNIVERISTY

# DIVINE NINE

Name: _____  Date: _____

👉 Find and circle each of the words from the list below. Words may appear horizontally or vertically, but forwards only.

```
F T C D B A O O V U X O N S U F O U N D E D I N S E
P H I B E T A S I G M A F R A T E R N I T Y I N C C
O M E G A P S I P H I F R A T E R N I T Y I N C U X
S I G M A G A M M A R H O S O R O R I T Y I N C O B
D E L T A S I G M A T H E T A S O R O R I T Y I N C
A L P H A K A P P A A L P H A S O R O R I T Y I N C
I O T A P H I T H E T A F R A T E R N I T Y I N C
A L P H A P H I A L P H A F R A T E R N I T Y I N C
K A P P A A L P H A P S I F R A T E R N I T Y I N C
Z E T A P H I B E T A S O R O R I T Y I N C F C I L
L I S O W M D E R F U B P U B B F U R T U B R U V F
E I C T A J S A A M C P G N T O I P D X V M O U W C
D J Y E E O N S E C B B R S E X P Y M C W E G O Y I
N M S V E O Z L D N O O S E I F U M T F U D U T D I
U D Z P M E K O M Z T S E C E R P F E W N A E R H O
S S G K E G Z A K M P M I I N W C R N D A N I A Y Y
I E X K L Q I U F F P A N I K M C D O K P N X E I T
D R C F D R J T L C E E H I C E O D F D O D A O A H
T I Q T N C M W B Y V L I Q C Y O O F M C O N A C H
N M P S O G T T W T L E U I M U U A L D O T L E R A
E P V J V R O I A U T N C G V O A N F S I U P C E Y
B L P F P N S Y S I A C J T O I S H V D K E A N S O
```

ALPHAPHIALPHAFRATERNITYINC    KAPPAALPHAPSIFRATERNITYINC
IOTAPHITHETHAFRATERNITYINC    SIGMAGAMMARHOSORORITYINC
DELTASIGMATHETASORORITYINC    ALPHAKAPPAALPHASORORITYINC
PHIBETASIGMAFRATERNITYINC     OMEGAPSIPHIFRATERNITYINC
ZETAPHIBETASORORITYINC        FOUNDEDIN1900S

# TRENDS CREATED BY BLACK

Name: _____  Date: _____

Find and circle each of the words from the list below. Words may appear horizontally or vertically, but forwards only.

```
D N A O U T P O W F F A I O U D S S U E
O D A A Y N I O E N A U E M L H C C V D
R P F E O C A O U O V P O M S X G R E S
E P V I V T E J T C Y C Q V N R R I L T
C Y C Y F C H O G R Q O I F A D I P O D
S N E A K E R C U L T U R E P C L T U U
D W M I X L O G O M A N I A B T L E R S
X U R I Z R Y D T N S G S J A U S D T W
S C D K M U R A D S M R C Q C S A N R V
U E Q Y Y C U O W I F O A Y K C I E A S
J B U C K E T H A T S I S S S Z A C C R
O V E R S I Z E D C L O T H I N G K K O
I D K R D X Y O Z U I K S D D U I L S I
H O O P E A R R I N G S U C E E U A U E
F R R E B X U J F G I O X U G O F C I L
I F A T L A C E D S H O E S A R C E T E
V O L E T T U C E H E M E F H Y N S S N
```

LOGOMANIA   GRILLS   LETTUCEHEM   BUCKETHATS   SNAPBACKS
OVERSIZEDCLOTHING   SCRIPTEDNECKLACES   SNEAKERCULTURE
VELOURTRACKSUITS   FATLACEDSHOES   HOOPEARRINGS

# BLACK INVENTIONS

Name: _____   Date: _____

👉 Find and circle each of the words from the list below. Words may appear horizontally or vertically, but forwards only.

```
I A F F F Q D E D B E R E E Y C D T O Q Y W A R
R E T I Z M E T R A F F I C L I G H T E G E E U
X N H B N U W B U N R G V A Z Z C X H G I G F P
R O N E L U B R I C A T I N G C U P P G Z U U B
U I K L B I S C U I T C U T T E R E U B S Y N T
H O M E S E C U R I T Y S Y S T E M U E N W Y V
S F Y V T H E S A N I T A R Y B E L T A U Y R R
S C C A R B O N F I L A M E N T F A S T C T W E
R T O T T M X I V W S T O V E D R Z E E F A M
B P I O W A L K E R H E O J I S A O J R O V N O
H A I R B R U S H U C G D E G U I T A R R A A T
M C V D S T R A I G H T I N G C O M B G I F S E
F E T O L I E T T I S S U E H O L D E R Y I D C
G M M O C A L L E R I D G A S M A S K M Z K T O
B A A R M A I L B O X T H E B L O O D B A N K N
Y K E L E V A T O R P E A N U T B U T T E R T T
H E A I R C O N D I T I O N I N G U N I T A B R
F R O O T N N S J L B I U P C A A S K A O D T O
M U A S R E A F E G K V S U A U W N B L C N M L
```

HAIRBRUSH    EGGBEATER    GASMASK    WALKER    ELEVATOR    CALLERID
AIRCONDITIONINGUNIT    TVREMOTECONTROL    HOMESECURITYSYSTEM
PEANUTBUTTER    BISCUITCUTTER    TRAFFICLIGHT    THEBLOODBANK
GIFS    TOLIETTISSUEHOLDER    THESANITARYBELT    STRAIGHTINGCOMB
CARBONFILAMENT    PACEMAKER    LUBRICATINGCUP    ELEVATORDOOR
GUITAR    MAILBOX    STOVE    MAILBOX

Copyright ©2020 WorksheetWorks.com

# CIVIL RIGHTS MOVEMENTS

Name: _____  Date: _____

Find and circle each of the words from the list below. Words may appear horizontally or vertically, but forwards only.

```
C H U R C H I N B I R M I N G H A M M I I Z S
N A S H V I L L E S I T I N T E A J M L D L B
C H I C A G O F R E E D O M M O V E M E N T L
M S T P D G T L G T M Y R E C Q V U R O V A O
M A R C H O N W A S H I N G T O N Q K E Y E O
L I T T L E R O C K N I N E R I Q U X E U A D
F E U O A T L A N T A S I T I N Q U E O H L Y
F A Y V T M D D H V U O A W A T I R E J N B S
C I V I L R I G H T S A C T O F A M D G B A U
U M O N T G O M E R Y B U S B O Y C O T T N N
G R E E N S B O R O S I T I N A F U Z A Y Y D
P B R M J I M C R O W L A W S R T O O C N M A
C I V I L R I G H T S A C T O F L D P I P O Y
F S A K N A U G O K N E Y Y Y L R F Q E U V S
W A T T S R I O T E T G U E O Y U F T N F E R
B I R M I N G H A M C A M P A I G N D X R M N
F R E E D O M R I D E R S A C D D A G J R E I
R I H E E H Q V O N T M E C B A O A W H M N Z
W K K O E C R C K S A E I E X A E C U V E T D
```

BIRMINGHAMCAMPAIGN   ALBANYMOVEMENT   CHURCHINBIRMINGHAM
ATLANTASITIN   MONTGOMERYBUSBOYCOTT   CHICAGOFREEDOMMOVEMENT
CIVILRIGHTSACTOF1964   MARCHONWASHINGTON   CIVILRIGHTSACTOF1957
GREENSBOROSITIN   BLOODYSUNDAY   FREEDOMRIDERS   LITTLEROCKNINE
NASHVILLESITIN   JIMCROWLAWS   WATTSRIOT

# CIVIL RIGHTS LEADERS

Name: _____  Date: _____

Find and circle each of the words from the list below. Words may appear horizontally or vertically, but forwards only.

```
G L O R I A R I C H A R D S O N Y T Z V Z Y
B A Y N A R D R U S T I N I F E F W I L R Y
M A R T I N L U T H E R K I N G J R P O A Q
O M E X S P G L J E S S E J A C K S O N L G
M Y R L I E E V E R S W I L L I A M S F P Y
O E D G R O Y W I L K I N S L G F I A C H D
O B E Z J N Y S H M U C J I F K U M X E A E
R O S A P A R K S S Y A U F M P J O R A B J
M Z S N V U T O S H I R L E Y C H I S M E U
A E D D J O A N N R O B I N S O N N S W R S
E S V I C T O R I A G R A Y A D A M S E N F
M X B I R A F T L N I C N X E D S V S Y A V
A G L A S O T E O P S D B S M T T C D A T P
L F W P M A R X P D O R O T H Y H E I G H T
L M A L C O L M X K B E N S U N A X P A Y A
O K U A E N W U U T R I D J O H N L E W I S
R I D A B S P E D A L M F A M I R I F E N D
Y C C N M I Z J A U R E L I A B R O W D E R
```

AURELIABROWDER    MYRLIEEVERSWILLIAMS    MARTINLUTHERKINGJR
SHIRLEYCHISM    JULIANBOND    MAEMALLORY    JESSEJACKSON
JOHNLEWIS    BAYNARDRUSTIN    JOANNROBINSON    DOROTHYHEIGHT
RALPHABERNATHY    VICTORIAGRAYADAMS    GLORIARICHARDSON
ROSAPARKS    MALCOLMX    ROYWILKINS

Copyright ©2020 WorksheetWorks.com

# Did You Know You Have Rights?

## THE BILL OF RIGHTS
### The First Ten Amendments to the U.S. Constitution

**1. FREEDOM OF SPEECH, RELIGION, PRESS, ASSEMBLY, AND PETITION**

**2. RIGHT TO BEAR ARMS**

**3. QUARTERING OF SOLDIERS**

**4. ARRESTS AND SEARCHES**

**5. RIGHTS OF PERSONS ACCUSED OF CRIMES**

**6. RIGHTS OF PERSONS ON TRIAL FOR CRIMES**

**7. JURY TRIALS IN CIVIL CASES**

**8. LIMITATIONS ON BAIL AND PUNISHMENTS**

**9. RIGHTS KEPT BY THE PEOPLE**

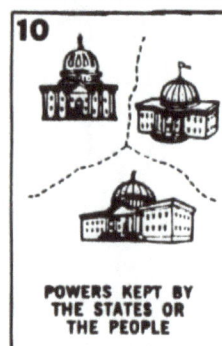
**10. POWERS KEPT BY THE STATES OR THE PEOPLE**

It's Important to Know Your Bill Of Rights

# LET'S TAKE A TRIP DOWN MEMORY LANE

1900

BLACK WALL STREET WAS A STREET OF SUCCESSFUL

BUSINESSES RAN BY BLACK OWNERS TO SERVICE THE BLACK COMMUNITY. (1900-1910)

# 1920

**Bronzeville, Milwaukee AKA "Black Chicago". This is how young men dressed in the 1920.**

1920: Black Southern were banned from eating vanilla ice cream during the Jim Crow Era, except on the 4th of July.

# 1930

**In 1932, the Nicholas brothers were 11 and 18 when they had their biggest break in their career. They were hired to preform at the famous "Cotton Club" in Harlem from 1932-1939. They were the youngest performers.**

# 1930

Jasmine Drew

Jesse "Bucket Eye" Owens achieved four Olympic gold metals at the 1936 Olympics games in Berlin. This made him the best remembered athlete in Olympic history."

Ella Fitzgerald was the first African American woman to win multiple Grammy awards."

1940

Hattie McDaniel's was the first African American woman to win an Oscar for her role as "Mammy" in the movie, Gone with the Wind.

John Lewis was an activist for racial justice and equality. He once said, "Never, ever be afraid to make some noise and get in good trouble, necessary trouble."

1950

Brown Vs. Board of Education was a turning point in history. This case gave everyone an equal opportunity for education no matter what color they were.

1960

Ruby Bridges was the first African American student to desegregate an all white school in New Orleans, Louisiana in 1964.

1960

Tommie Smith and John Carlos raised their fist in solidarity to support black people around the world at the 1968 Summer Game Olympics.

The Black Panther party was founded by Huey P. Newton and Bobby Seale in 1966. The purpose of the Black Panther party was to protect African American residents from police brutality.

**Florence Griffith Joyner (FloJo)**
@kingdom.art.co

Florence Griffith Joyner is the fastest woman in history holding the 100m world record of 10.49sec set in 1988 as well as the 200m mark of 21.34sec clocked at the drug-tainted 1988 Seoul Olympics.

1980

# Gary Coleman
@kingdom.art.co

Gary Coleman was of the highest-paid child actors in the 1980's TV show "Different Strokes".

The million man march was a large gathering of African American males.

1990

THE PURPOSE OF THE MARCH WAS TO OVERCOMING DISCRIMINATION AND START MAKING A DIFFERENCE.

2000

@ART_AND_SOULXX

Barack Obama became the first African American President of the United States in 2008 and served two terms. Barack Obama's wife is Michelle Obama aka the First Lady of the United States

## 2010

On August 22, 2011 The Martin Luther King Jr Memorial was revealed in Washington, DC. This memorial covers four acres and include the Stone of Hope.

Today, we continue to march and protest for equality and to stop police brutality against Black Lives.

# Quiz Yourself on Your Bill Of Rights!

## Bill of Rights - Short Form

**1st** Freedom of _____, speech, and _____, rights of _____ and _____.

**2nd** Right to _____ and bear _____.

**3rd** No _____ quartering of _____.

**4th** No unreasonable _____ and _____.

**5th** Right to _____ _____ of _____, no double jeopardy or self-incrimination.

**6th** Rights of the _____: speedy and public _____, clear _____, witnesses in defense and _____.

**7th** Right to _____ by jury in a _____ case.

**8th** No _____ or _____ punishments.

**9th** Other _____ not included in _____.

**10th** State _____ and _____.

©TheWiseNest.com

# Can You Find the Black History Symbols?

# Can you find Africa ?

The symbol of Africa was highly praised within the Black community. The symbol represented a country that some African descent came from.

# Can you find the Fist?

The Black Fist symbolizes Black Power, Black Nationalism, Solidarity and defiance.

# Can you find the Afro Comb?

**Related to the Black Power movement, its purpose is to re-invent the popular wider-toothed hair pick in the USA to serve the Afro hairstyles.**

# Can you find the record label?

Black Swan Label was the first black owned record label founded in 1921 in Harlem, New York.

# Can You Find The Jordan Symbol?

Michael Jordan is known as the greatest player of all time. His shoe brand "Air Jordan's" is one of the most popular brands in America.

# Can you find the Afro?

The Black Afro represents black pride and a link to West Africa and Central Africa heritage.

My Name is
_____

and I'm a beautiful black child!

I want to be a _____

 when I grow up.

I learned _____
today.

# Where do I see myself in the future?

## Draw yourself

ME | FUTURE ME

If you don't know where you come from, how can you know where your going!

# Crossword Answer Key

**BLACK GIRL MAGIC**
ANSWER KEY

 Find and circle each of the words from the list below. Words may appear horizontally or vertically, but forwards only.

```
Q U E E N U C S R Y K H A A
W H I T N E Y H O U S T O N
S U P E R W O M A N S S F O
R N B I T U Z C M O L M T E
N U T U R I N G A I H A E U
R E L A X E D E K Y O R I A
R O Y A L O I Q Y G M T P J
M A D A M C J W A L K E R H
E N A T U R A L M P F T I E
B E A U T I F U L A A N N I
I L Q B E Y O N C E D S S X
```

MADAMCJWALKER  WHITNEYHOUSTON
BEYONCE  BEAUTIFUL  SUPERWOMAN
RELAXED  NUTURING  NATURAL
ROYAL  QUEEN  SMART

**BLACK BOY JOY**
ANSWER KEY

 Find and circle each of the words from the list below. Words may appear horizontally or vertically, but forwards only.

```
K I N G F E Z O A S D I K C X O
A U Q D F A K E T M H P E E B K
S T E P H C U R R Y G F V M Z M
B L A C K P A N T H E R I B N E
G A M E R S T R O N G F N A N Y
N V V S C H O L A R L Y H S O A
Z G S C T Y A E E E U E A T E F
R E S I L E N T A O R M R E S C
F W I L L S M I T H N O T A X U
A F Z S T S N E A K E R H E A D
D I N D O Y F T U T O D N Y H T
E C O L I N K A E P E R N I C K
S Y E C U P O W E R F U L H M R
```

STRONG  COLINKAEPERNICK  BLACKPANTHER
SCHOLARLY  SNEAKERHEAD  STEPHCURRY
GAMER  WILLSMITH  POWERFUL  KEVINHART
RESILENT  KING  FADES

# Crossword Answer Key

## HISTORICAL BLACK COLLEGES AND UNIVERSITIES
### ANSWER KEY

Find and circle each of the words from the list below. Words may appear horizontally or vertically, but forwards only.

HAMPTONUNIVERSITY HOWARDUNIVERSITY MORRISBROWN TUSKEGEEUNIVERSITY
JACKSONSTATEUNIVERSITY BOWIESTATEUNIVERSITY TENNESSEESTATEUNIVERSITY
DILLARDUNIVERSITY CLAFLINUNIVERSITY XIAVERUNIVERSITY CHENEYUNIVERSITY
GRAMBLINGUNIVERSITY NCAT ALCORNSTATEUNIVERSITY TOUGALOOUNIVERSITY
SPELMANCOLLEGE FLORIDAAM RUSTCOLLEGE BOWIESTATE FISKUNIVERISTY

## DIVINE NINE
### ANSWER KEY

Find and circle each of the words from the list below. Words may appear horizontally or vertically, but forwards only.

ALPHAPHIALPHAFRATERNITYINC KAPPAALPHAPSIFRATERNITYINC
IOTAPHITHETHAFRATERNITYINC SIGMAGAMMARHOSORORITYINC
DELTASIGMATHETASORORITYINC ALPHAKAPPAALPHASORORITYINC
PHIBETASIGMAFRATERNITYINC OMEGAPSIPHIFRATERNITYINC
ZETAPHIBETASORORITYINC FOUNDEDIN1900S

# Crossword Answer Key

# Crossword Answer Key

# Crossword Answer Key

## CIVIL RIGHTS MOVEMENTS
### ANSWER KEY

Find and circle each of the words from the list below. Words may appear horizontally or vertically, but forwards only.

BIRMINGHAMCAMPAIGN  ALBANYMOVEMENT  CHURCHINBIRMINGHAM
ATLANTASITIN  MONTGOMERYBUSBOYCOTT  CHICAGOFREEDOMMOVEMENT
CIVILRIGHTSACTOF1964  MARCHONWASHINGTON  CIVILRIGHTSACTOF1957
GREENSBOROSITIN  BLOODYSUNDAY  FREEDOMRIDERS  LITTLEROCKNINE
NASHVILLESITIN  JIMCROWLAWS  WATTSRIOT

## CIVIL RIGHTS LEADERS
### ANSWER KEY

Find and circle each of the words from the list below. Words may appear horizontally or vertically, but forwards only.

AURELIABROWDER  MYRLIEEVERSWILLIAMS  MARTINLUTHERKINGJR
SHIRLEYCHISM  JULIANBOND  MAEMALLORY  JESSEJACKSON
JOHNLEWIS  BAYNARDRUSTIN  JOANNROBINSON  DOROTHYHEIGHT
RALPHABERNATHY  VICTORIAGRAYADAMS  GLORIARICHARDSON
ROSAPARKS  MALCOLMX  ROYWILKINS

# Can You Find Answers

# Can You Find Answers

# Can You Find Answers

www.ingramcontent.com/pod-product-compliance
Lightning Source LLC
Chambersburg PA
CBHW041533040426
42446CB00002B/76